Commentaire

Par Adèle Dion

La République

L'origine de la cité

Platon

lePetitPhilosophe.fr

PLATON

PHILOSOPHE GREC À L'ORIGINE DE LA THÉORIE DES IDÉES

- **Né vers 427 av. J.-C. à Athènes**
- **Décédé vers 347 av. J.-C. à Athènes**
- **Quelques-uns de ses dialogues :**
  - *Apologie de Socrate*
  - *La République*
  - *Le Banquet*

D'origine aristocratique, Platon reçoit l'éducation physique et intellectuelle des enfants de familles princières, appelés à participer aux affaires publiques. Mais les excès des Trente Tyrans et la condamnation de Socrate le poussent à réorienter sa vie. À la mort de son maitre, il choisit **la voie de la spéculation philosophique**, puis ouvre à Athènes son école philosophique, **l'Académie**.

Son œuvre écrite se compose d'un recueil de lettres et de vingt-huit dialogues. Dans ses **dialogues de jeunesse** (*Apologie de Socrate*, *Gorgias*, *Hippias Majeur*, etc.) dits « socratiques », car Socrate y occupe le haut de l'affiche, Platon renverse les idées fausses sans clore son propos. Progressivement, toutefois, ses productions s'étoffent et déploient une problématique plus recherchée. C'est dans ses **dialogues de maturité** (*Phédon*, *Le Banquet*, *La République*, etc.) qu'il échafaude la théorie des Idées. Enfin, avec ses **dialogues critiques** (*Le Sophiste*, *Le Politique*, *Les Lois*, etc.), plus érudits et difficiles, Platon, sans désavouer

la pensée de son maitre, la discute et la détaille d'un bout
à l'autre.

LA RÉPUBLIQUE

L'ŒUVRE MAJEURE DE PLATON

Lassé de la frénésie démocratique, de son manque d'autorité et de la confusion qui domine, Platon entend **apporter un fondement rationnel à la politique**, dans une œuvre d'ensemble autour de l'idée de justice. Il y peint **une cité modèle gouvernée par des philosophes vertueux** et préservée des arts d'illusion qui détournent du droit chemin.

Composé **entre 384 et 377 av. J.-C.**, *La République* est indéniablement l'ouvrage le plus génial de Platon, tant dans la diversité de ses interrogations que dans l'audace de ses explications. C'est à la fois une conversation sur les principes moraux, un questionnement de philosophie politique, un traité d'éducation, un examen épistémologique et un essai de métaphysique.

MISE EN CONTEXTE

SOCRATE ET LA MAÏEUTIQUE

Socrate est l'interlocuteur principal de *La République*, comme c'est le cas dans de nombreux autres dialogues de Platon qui, à la mort de son maitre, décida de reprendre et de transmettre l'enseignement de ce dernier.

Socrate est **le premier grand philosophe athénien** et vit de 470 à 399 av. J.-C., pendant l'âge d'or de la Grèce antique. Dans sa jeunesse, il étudie les philosophes de son temps, appelés ultérieurement les « présocratiques », lesquels essaient de comprendre le monde environnant. Socrate, à l'inverse, ne s'intéresse pas aux questions touchant le monde, mais à l'homme et aux conduites humaines. Selon lui, il est plus important de **s'interroger sur ce qu'est le bien, le vrai, le juste ou encore la vertu** que sur la position des astres ou sur les éléments qui constituent la nature. Il s'occupe donc principalement de politique et de morale.

Pour trouver une réponse à ses nombreuses questions, Socrate avait pour habitude d'interroger les gens qu'il rencontrait. En effet, lui-même prétendait ne savoir qu'une chose : qu'il ne savait rien. C'est pour cette raison qu'on raconte que l'oracle de Delphes aurait déclaré que Socrate était **le plus sage des hommes**, sa sagesse consistant à **reconnaitre qu'il était ignorant**. Ainsi, il choisissait une notion sur laquelle réfléchir et questionnait un interlocuteur qui prétendait connaitre la réponse. Socrate mettait alors sans cesse en doute le point de vue de l'intervenant, pointant les contradictions de son argumentation, et, par ses nombreuses questions, le forçait à revenir sur sa réponse.

Cette méthode qui le rendit célèbre est appelée **la maïeutique, c'est-à-dire l'« art de faire accoucher les esprits »** (du grec *maieuomai*). Alors que sa mère, sagefemme, faisait accoucher les corps, Socrate faisait naitre les esprits à eux-mêmes. En effet, son objectif était de **faire découvrir à ses interlocuteurs une vérité qu'ils possédaient déjà en eux sans en être conscients**. Les notions sur lesquelles il s'interrogeait relevant de la nature humaine, les personnes qu'il questionnait possédaient forcément en eux-mêmes les réponses. Cependant, les réponses trouvées n'étaient jamais définitives : chaque solution pouvait à son tour susciter une nouvelle interrogation. Ainsi, **la vérité ne pouvait qu'être approchée**, selon Socrate. Il s'agit d'une méthode dialectique au sens où elle consiste à rechercher la vérité par une série de questions-réponses.

LA PROBLÉMATIQUE DE L'ORIGINE DE LA CITÉ DANS *LA RÉPUBLIQUE*

Le dialogue de *La République* a lieu chez Polémarque, le fils de Céphale, et débute par un **questionnement sur la vieillesse**. Socrate interroge Céphale sur celle-ci et sur la façon dont on la supporte. Selon Céphale, la vieillesse est **supportable dans la mesure où l'on a vécu en suivant la justice**. Chacun des intervenants va alors tenter de donner une définition de la justice ; pour chacun, Socrate émet une objection.

Si la question de l'origine de la cité est abordée dès le livre 2 de *La République*, c'est que, selon Socrate, **afin de définir ce qu'est la justice dans l'individu, il est plus simple de d'abord la chercher dans un modèle plus grand, à savoir la société comme association de plusieurs individus**. Dès lors, il se doit de traiter de la cité et bien évidemment, dans un premier temps, de sa naissance.

Ce **dialogue sur l'origine de la cité** se déroule **entre trois interlocuteurs actifs** : Socrate, Adimante et Glaucon. Adimante et Glaucon sont deux frères de Platon. Ces deux personnages apparaissent dans d'autres dialogues du philosophe, notamment dans *Le Parménide*.

Il s'agit d'**un des passages les plus importants** de *La République*, car c'est sur celui-ci que repose la totalité du reste du développement. Il apparait dans ce dialogue que la cité repose sur l'association entre plusieurs hommes afin de répondre aux besoins de chacun, ainsi que sur la répartition des tâches, chaque homme apportant à la cité ce qu'il est capable de créer en fonction de ses dons naturels. C'est sur la base de cette répartition des tâches que Platon traite ensuite de l'éducation des gardiens et des philosophes dans la quasi-totalité du reste de la République. En effet, **si nous voulons que la cité idéale soit juste, il importe qu'elle soit dirigée par des gens capables d'assumer cette fonction**, autrement dit de canaliser les parties inférieures de la cité et leurs pulsions naturelles. Ainsi, **nombre de choses doivent être bannies de la cité** (poésie, imitation, luxe, plaisirs, etc.).

Selon le philosophe, il **en va de même de l'âme humaine** : pour que l'homme soit juste, sa part rationnelle doit pouvoir maitriser ses parts inférieures (son ardeur, ses passions et ses désirs). Individu et cité fonctionnent de la même manière : le supérieur, le plus sage, doit avoir le dessus sur l'inférieur, le plus désordonné. Par conséquent, **la justice consiste à faire en sorte que le meilleur dirige le plus médiocre, et ce dans la cité comme dans l'individu**.

L'ORIGINE DE LA CITÉ

À partir de « Or, selon moi, repris-je, la cité se forme parce que chacun d'entre nous se trouve dans la situation de ne pas se suffire à lui-même, mais au contraire de manquer de beaucoup de choses. Y a-t-il, d'après toi, une cause à la fondation d'une cité ? » jusqu'à « C'est donc notre tâche, semble-t-il, si du moins nous en sommes capables, de sélectionner quelles dispositions naturelles, et quelles sortes de dispositions, sont requises pour la garde des gardiens [...] ».

PLATON, *La République*, traduction de Georges Leroux, Paris, GF-Flammarion, 2004, livre 2, 369b-374c, p. 137-146.

EXPLICATION ET ANALYSE DU TEXTE

Socrate évoque la naissance de la cité afin de trouver ce qu'est la justice chez l'individu, puisque si « la justice [...] existe pour un homme individuel. Elle existe donc aussi, d'une certaine manière, pour la cité entière » (368e).

LES ORIGINES DE LA CITÉ

Le manque

Si une cité se forme, c'est parce que **l'individu seul « se trouve dans une situation de ne pas se suffire à lui-même »**. En effet, l'homme isolé constate qu'**il lui manque de nombreuses choses pour vivre** et qu'il ne peut à lui seul subvenir à ses besoins. Il n'existe nulle autre cause, selon Socrate, à la naissance de la cité.

Mais l'homme est-il vraiment seul ? Non, dans le sens où **les autres hommes sont vraisemblablement dans la même situation que lui**, à savoir qu'ils ne peuvent eux non plus répondre eux-mêmes à tous leurs besoins. Dès lors, **ces hommes isolés recourent les uns aux autres** : chaque homme va consulter son voisin pour une certaine chose, tel autre pour une autre, et tous **procèdent à des échanges** (par exemple une personne donne du lait de sa vache contre quelques œufs de la poule d'une autre). Ils en viennent de la sorte à **se rassembler afin de s'entraider**. C'est donc sur l'échange de biens, lesquels répondent aux besoins de chacun, que se fonde une association entre les hommes. Ce regroupement, cette société, Socrate l'appelle « cité », et ses fondements, ce qui fait qu'elle existe, sont les besoins.

Mais quels sont ces besoins fondamentaux nécessaires aux hommes pour vivre ?

Les besoins fondamentaux

- Le premier et le plus important des besoins de l'homme est **la nourriture**. En effet, nul ne peut espérer survivre s'il ne possède pas de quoi se nourrir.
- Vient ensuite la nécessité de **se loger**. Avoir un toit afin de se protéger des agressions extérieures diverses (froid, prédateurs éventuels, etc.) est également un besoin vital.
- Troisième besoin : celui du **vêtement** et « des choses de ce genre », à savoir les couvertures, les draps, etc., c'est-à-dire tout ce qui touche à la nécessité de se protéger du froid.

Or **un homme isolé ne peut subvenir à ces besoins fondamentaux :**

- d'une part, parce que l'effort nécessaire à la satisfaction de ses besoins quotidiens serait trop élevé pour être réalisé par lui seul en une seule journée ;
- d'autre part, parce que l'homme ne peut être spécialisé dans toutes les tâches spécifiques à des arts divers.

On constate que **plus on avance dans la liste des besoins, moins ceux-ci deviennent indispensables à la survie**. En effet, les vêtements représentent déjà un certain luxe puisqu'ils concernent le confort. Aussi Socrate, comme nous le verrons plus loin, précise-t-il qu'**il importe de limiter le luxe dans la cité**, afin qu'elle ne soit pas trop grande et qu'elle reste juste, autonome et gérable. En effet, chaque besoin supplémentaire nécessite des hommes capables d'y répondre. De ce fait, si trop de luxe est autorisé dans la cité, trop de personnes la composeront, ce qui la rendra moins facilement gérable. S'ils possèdent trop de biens et s'occupent de trop de choses superflues, les artisans en viendront à travailler moins et moins bien. Cela réduira donc la quantité ou la qualité des produits de la cité, la rendant ainsi moins bonne.

La composition de la cité originaire

Si l'on suit Socrate, la microcité se compose à ce stade d'**un laboureur**, d'**un maçon** et d'**un tisserand**, lesquels répondent chacun aux trois besoins fondamentaux humains : la nourriture, le logement et le vêtement. À ceux-ci le philosophe ajoute **un cordonnier**, pour répondre au besoin de se chausser, et quelques autres individus afin de répondre aux besoins et aux soins du corps. La cité originaire se réduit donc à quatre ou cinq personnes et répond aux besoins les plus élémentaires de ces quelques hommes.

Mais une question se pose : si les hommes mettent leur travail au service des besoins de tous, cela signifie que **le laboureur, au même titre que les autres, va devoir fournir quatre fois plus de travail** et produire à lui seul quatre fois plus de vivres, ce qui lui prendra quatre fois plus de temps. Dans ces conditions, cela est-il vraiment un mieux pour lui ? Nous avons dit que les hommes ne s'unissent que parce que cette association est meilleure pour eux, mais est-ce encore le cas ? Ne vaudrait-il pas mieux que chacun produise pour lui seul ? **La mise en place de la cité est-elle vraiment avantageuse pour tous ?**

Si le laboureur ne produit des vivres que pour sa seule subsistance, il consacrera un quart seulement du temps et des efforts nécessaires à la production pour tous. Cela n'est-il pas meilleur ? Non, parce qu'**il devra alors passer les trois autres quarts de son temps à faire le travail du maçon, celui du tisserand et celui du cordonnier**. Qui plus est, ces métiers ne sont pas sa spécialité : il risque donc de mettre davantage de temps et de fournir plus d'efforts à leur réalisation (sans compter le temps perdu à passer de la charrue au ciment, du ciment au tissu et du tissu au cuir).

La spécialisation des tâches est donc la base de la cité idéale. Chaque homme remplit une fonction pour le bien de tous et le sien en premier.

Une association harmonieuse d'hommes

Ainsi, la cité, selon Platon, consiste en **un groupe d'hommes qui s'unissent entre eux pour un mieux**, parce que cette association est meilleure pour eux. Au sein de celle-ci, chacun a une tâche, une fonction à remplir. Certains fournissent des vivres pour la cité tout entière, d'autres des tissus pour se vêtir, etc.

Cependant **la fonction de chacun n'est pas établie au hasard : elle dérive des dons naturels des individus**. Les plus doués pour la maçonnerie sont maçons, d'autres labourent les champs, etc. C'est justement parce que chacun remplit la fonction qui lui convient personnellement que travailler pour tous n'est pas pesant. C'est au contraire bien plus aisé et plus agréable de faire ce pour quoi l'on est doué, que de devoir vivre en autarcie et de subvenir seul à tous ses besoins.

C'est sur cette idée de base de distribution des fonctions que Platon développe la totalité du reste de *La République*. En effet, **la répartition des tâches**, basée sur les dons naturels de chacun, **s'applique à toute la cité**, et donc bien entendu à ses dirigeants. Tandis que certains sont faits pour être laboureurs, maçons ou cordonniers, d'autres, **les meilleurs, sont faits pour diriger**. Il n'y a là aucune inégalité ou injustice, simplement une optimisation de la cité afin qu'elle soit idéale, c'est-à-dire juste, sage et vertueuse.

LE DÉVELOPPEMENT DE LA CITÉ

L'agrandissement de la cité proportionnellement aux besoins

Il importe ensuite, afin de répondre à tous les besoins des individus, d'agrandir la cité. En effet, **chacun des hommes évoqués jusque-là** (le laboureur, le maçon, le tisserand et le cordonnier) **a besoin d'outils**, afin de réaliser son travail pour répondre aux besoins de tous. Or chaque individu étant spécialisé dans une fonction propre, ils ne peuvent fabriquer eux-mêmes les outils et instruments nécessaires à la réalisation de leur tâche. Sont dès lors appelés à grossir la population **des forgerons, des constructeurs, des bouviers, des bergers, etc.**, dans le but de répondre aux besoins de charrues, d'attelages et de peaux nécessaires au travail des premiers hommes composant la cité.

Mais la cité, qui se trouve fortement grossie de ces nouveaux hommes, doit dès **lors répondre à leurs besoins**

fondamentaux à eux aussi. Cela signifie qu'il faut davantage de laboureurs, de maçons et de tisserands. Or il semble difficile qu'une cité seule et isolée puisse répondre à tous ces besoins. Que va-t-elle faire alors ?

La nécessité des échanges entre cités

C'est ici qu'apparait un fait étrange. Au même titre que les hommes ne pouvaient répondre seuls à leurs besoins fondamentaux, il semble que la cité se trouve dans la même situation : elle est dans **la nécessité de faire alliance avec une autre cité**. On voit ici que l'individu et la cité fonctionnent de la même manière, ce qui était la base du développement de Socrate : son but était en effet d'analyser la cité, modèle plus grand que l'individu, afin de comprendre le fonctionnement de l'homme.

La cité grossit donc ses rangs d'**hommes capables de gérer les échanges** avec d'autres cités. Il est en effet évidemment question d'échanges puisqu'il est **inconcevable d'importer des biens sans en exporter** afin de répondre réciproquement aux besoins de l'autre cité : « Si celui qui est chargé d'importer part les mains vides, sans rien apporter de ce qui manque à ceux auprès de qui il compte se procurer les choses qui manquent à ses concitoyens, il reviendra les mains vides. » Cela implique que **la cité doit non seulement produire des biens pour ses concitoyens, mais également pour ceux de la cité avec qui des échanges ont lieu**. Or, pour ce faire, le groupe d'hommes composant la cité doit être plus important encore : il faut davantage de laboureurs, de maçons, etc. En outre des hommes remplissant de nouvelles fonctions apparaissent : ceux dont la fonction consiste dans l'importation et l'exportation de biens, à savoir **des marchands**. Dans le cas où les échanges se font par voie maritime, des experts dans ces tâches sont eux aussi nécessaires.

Les échanges dans la cité elle-même

À l'intérieur de la cité elle-même, des échanges ont également lieu. En effet, les artisans qui produisent des biens ne peuvent se consacrer, en plus de leur tâche propre, à la vente de leurs produits, et ce en raison de la spécialisation des tâches.

Il faut donc **des hommes responsables de la vente des biens**, mais aussi **un endroit où ont lieu ces échanges et une monnaie** afin de faciliter ceux-ci. C'est ainsi que sont instaurées la place publique et la monnaie comme symbole de l'échange. Avec la monnaie, on voit que l'échange de type troc disparait. Peut-être parce tel homme produisant tel produit n'aura pas nécessairement besoin du bien que crée celui qui a l'usage des siens ?

Ainsi, c'est sur la place publique où travaillent les commerçants et par l'intermédiaire de la monnaie que s'échangent les biens à l'intérieur de la cité. La vente des produits est pour Platon un service que proposent des hommes qui en général sont inaptes à exercer un travail physiquement difficile. Ces gens appelés commerçants sont donc habilités à « acheter des marchandises contre payement en argent à ceux qui ont besoin de les vendre, et de les revendre contre payement en argent à ceux qui ont besoin de se les procurer » (371d). **On distingue ainsi les commerçants**, chargés de la vente des produits à l'intérieur de la cité, **des marchands**, qui importent et exportent les biens, c'est-à-dire qui se chargent des échanges extérieurs.

L'apparition du luxe et de la guerre

À ce stade du dialogue (371d), Socrate semble satisfait du développement de la cité et propose de voir où se situent la justice et l'injustice à l'intérieur de celle-ci. Il semble que ce soit dans la façon dont s'organisent les échanges. Cependant, Glaucon émet une objection (372c) et met en avant la nécessité de donner aux hommes qui composent la cité une cuisine élaborée et des mets particuliers afin qu'ils puissent banqueter comme il se doit.

Socrate se voit alors contraint d'**introduire dans la cité un certain luxe**, c'est-à-dire des parfums, des friandises, des peintures, des ornementations, des poèmes et divers autres plaisirs. Or **cela nécessite un grand nombre de nouveaux artisans et des territoires plus grands**. Mais comment obtenir de tels territoires ? Où aller les chercher ?

Afin d'étendre ses terres et de répondre à son besoin de « possession illimit[é] de richesses » (373d), la cité doit empiéter et prendre à son usage les territoires voisins, c'est-à-dire ceux d'autres cités. Naissent ainsi des **guerres avec les autres cités**. Dès lors, afin de protéger ses richesses et en obtenir davantage, la cité doit se grossir d'un certain nombre d'hommes aptes à la défendre. Si d'autres hommes sont nécessaires et que les artisans composant présentement la cité ne peuvent suffire, c'est une fois de plus en raison de la spécialisation des tâches. L'art de la guerre étant un art à part entière, **des experts en métier de la guerre** doivent être formés dans la cité. Ces hommes, appelés **gardiens**, doivent à leur tour être nourris et logés. Socrate précise d'ailleurs que ceux-ci doivent recevoir repas, logement et vêtements en échange de leur service de protection et nul autre bien, pour leur permettre de se concentrer uniquement sur leur tâche. Dès lors, des territoires, ainsi que des laboureurs, des maçons, etc. supplémentaires sont nécessaires afin de subvenir aux besoins de ces hommes et des autres.

L'agrandissement de la cité semble donc n'en plus finir. On voit en effet que l'intrusion du luxe dans la cité ne fait qu'augmenter son expansion et engendrer des guerres avec les autres cités. Besoin non nécessaire à la survie, **le luxe crée dans la cité le désir de la possession illimitée de richesses et provoque dès lors des conflits avec les cités** avoisinantes. Or si la cité est un modèle plus grand de ce qui se passe dans l'individu, la possession de richesses n'engendrera-t-elle pas également des conflits entre les individus la composant ? N'est-il pas dès lors nécessaire de limiter la taille de la cité afin qu'elle demeure juste et équilibrée ?

CONCLUSION

L'origine de la cité, selon Platon, se trouve dans **la nécessité pour l'homme de répondre à ses besoins fondamentaux** et dans son incapacité à les satisfaire sans l'aide d'autrui. C'est pourquoi **les hommes décident de s'associer** à d'autres afin de survivre. Chaque homme, étant doué par ses dons naturels dans tel domaine et non dans tel autre, propose à ses voisins de procéder à des échanges. Chacun fournit une partie des biens qu'il produit et dont les autres ont besoin en échange d'autres biens dont il a besoin et que ceux-ci produisent. C'est ainsi que nait la cité, laquelle grandit au fur et à mesure que de nouveaux besoins apparaissent, qui nécessitent de nouvelles personnes qualifiées afin d'y répondre.

La cité s'organise ainsi autour de ces besoins. Bien que Socrate veuille que celle-ci se limite à répondre aux besoins fondamentaux, elle peut néanmoins s'étendre et prendre en compte des besoins bien moins élémentaires comme les soins du corps, les plaisirs du palais et de l'oreille. Cependant, **l'accumulation de biens peut vite faire apparaitre de nouveaux besoins**, comme celui de protection. En effet, l'accumulation de richesses crée deux choses :

- l'envie chez les autres cités ;
- l'envie chez les citoyens de posséder toujours plus.

Cette situation amène **conflit et guerre**, en lieu et place des échanges cordiaux entre cités voisines.

C'est en raison de la nécessité de protéger la cité, née de l'accumulation des biens, que Platon, au travers de la bouche de Socrate, en vient à traiter de l'éducation des gardiens et de leur place dans la cité. On voit bien, dès lors, dans quelle mesure le discours sur l'origine de la cité est à la base de tout le reste de *La République*.

POUR ALLER PLUS LOIN

- MAGEE (Bryan), *Histoire illustrée de la philosophie. De Socrate à nos jours. 2500 ans de philosophie occidentale*, Paris, Le Pré aux Clercs, 1998.
- PLATON, *La République*, traduction de Georges Leroux, Paris, GF-Flammarion, 2004.

Rendez-vous sur lepetitphilosophe.fr et découvrez :

Plus de 1200 analyses
Claires et synthétiques
Téléchargeables en 30 secondes
À imprimer chez soi

ISBN version numérique : 978-2-8062-5517-4
ISBN version papier : 978-2-8080-0113-7
Dépôt légal : D/2017/12603/497

Conception numérique : Primento,
le partenaire numérique des éditeurs.

Made in the USA
Monee, IL
07 July 2026